LE
MÉCANISME
DU FLUTEUR
AUTOMATE,

Presenté a Messieurs de l'Académie Royale
des Sciences.

Par M. VAUCANSON, *Auteur de cette Machine.*

Avec
La description d'un Canard Artificiel, mangeant, beuvant,
digerant & se vuidant, épluchant ses asles & ses plu-
mes, imitant en diverses manieres un *Canard* vivant.
Inventé par la mesme.
Et aussi
Celle d'une autre figure, également merveilleuse, jouant du
Tambourin & de la Flute, suivant la relation, qu'il
en a donnée dépuis son *Mémoire* écrit.

A PARIS,
Chez JACQUES GUERIN, Imprimeur-Libraire, Quai
des Augustins.
ET SE VEND
Dans la Sale de dite figures Automates.

M. DCC. XXXVIII.
AVEC PERMISSION DU ROI.

LE
MÉCANISME
DU FLUTEUR
AUTOMATE,

Préfenté à Meffieurs de l'Academie Royale
des Sciences.

Par M. VAUCANSON, *Auteur de cette Machine.*

ESSIEURS,

Moins fenfible aux applaudiffemens du Public, que jaloux
du bonheur de mériter les vôtres, je viens vous découvrir que
ce n'eft qu'en fuivant vos traces que je me fuis foûtenu avec
quelque fuccès dans la route que j'ai tenuë, pour l'exécution de
mon Projet. Vous allez reconnoître vos leçons dans mon Ouvrage. Il ne s'eft élevé que fur les folides principes de Mécanique, que j'ai puifés chez vous.

Je vous dois les réflexions que j'ai faites fur le fon des Inftrumens, fur la Mécanique, & fur les divers Mouvemens des
parties qui fervent à leur Jeu; celles que j'ai faites fur celui de
la Flute Traverfiere compoferont la premiere Partie de ce Me-
moire.

A 2

moire. Dans la feconde, j'aurai l'honneur de vous détailler les Pieces contenuës dans mon Ouvrage, leurs différens Mouvemens, & leurs Effet.

PREMIERE PARTIE.

MON premier foin a été d'examiner d'abord l'embouchure des Inftrumens à vent, de bien connoître de quelle maniere on pouvoit en tirer du fon, les parties qui y contribuoient, & comment il pouvoit être modifié.

Vous fçavez, Meffieurs, que l'embouchure d'une Flute Traverfiere différe de celle des autres Inftrumens à vent, tels que la Flute à bec, le Flageolet, & le Tuyeau d'Orgue, en ce que dans celle de ces derniers, le vent introduit dans un trou étroit, mais déterminé, vient fraper les particules du Corps de l'Inftrument, qui fe trouvent immédiatement au-deffous; fçavoir, le Bizeau: & par la promptitude de fon retour, & fa réaction fur les particules qui l'environnent, il eft obligé de fouffrir une violente collifion. Communiquant ainfi fes vibrations à toutes les particules du bois de la Flute, qui à leur tour les communiquent à tout l'air extérieur qui les environne, il produit en nous le fentiment du fon.

Mais l'embouchure dans la Flute Traverfiere eft indéterminée, en ce qu'elle confifte dans l'émiffion du vent, par une iffuë plus ou moins grande que forme l'éloignement ou la réünion des lévres, leur pofition plus ou moins proche du trou de la Flute, ou plus ou moins avancée fur le bord de ce même trou.

Toutes ces différences, que je réduis au nombre de quatre dans l'embouchure de la Flute Traverfiere, la rendent, dans fon Jéu, fufceptible d'une infinité d'agrémens & de perfections, que n'ont pas les autres Inftrumens à Vent, dont l'embouchure eft déterminée; ce que je ferai voir dans l'explication que je donnerai plus bas de ces différens Mouvemens.

Le Son étant produit d'abord par les vibrations de l'air & des particules du Corps de la Flute, n'eft déterminé que par la viteffe ou la lenteur de ces mêmes vibrations. Sont-elles obligées de fe continuer, en tems égal, dans une plus grande quantité de particules du Corps frapé? plus elles perdent de leur Mouvement, & par conféquent de leur viteffe; & ainfi devenant plus lentes dans le même tems, elles produifent un Son

moins

moins vif: ce qui fait les Tons graves, autrement les Tons bas.

C'eſt ce qui arrive lorſque tous les trous de la Flute ſont bouchés. Les vibrations dans leur origine qui ſe trouvent préciſément au trou de l'embouchure, ſont obligées de ſe communiquer à toutes les particules du bois dans un même tems: elles ſe trouvent donc ſubitement ralenties, puiſque leur force ſe trouve infiniment partagée: la Flute donnera donc le ton le plus bas.

Ouvre-t'on le premier trou du bas de la Flute? les vibrations trouvent plûtôt une iſſue, qui interrompt leur continuation dans le reſte des particules du corps de la Flute: Elles en ont donc moins à frapper (le tuyeau étant racourci par l'ouverture du trou): Perdant ainſi un peu moins de leur force, puiſqu'il ſe trouve moins de particules avec qui elles ſoient obligées de ſe partager, elles auront un peu plus de viteſſe; elles ſeront plus promptes dans le même tems, elles produiront un ſon moins grave, & ce ſera un ton au-deſſus. Les autres tons hauſſeront par gradation, à meſure qu'on débouchera les trous ſupérieurs.

Quand on ſera parvenu à déboucher le trou qui ſe trouve le plus près de l'embouchure, pour lors ce trou partageant l'éspace intérieur de la Flute en deux parties égales, les vibrations trouveront une iſſue dans le milieu du chemin qu'elles auroient à faire pour ſe continuer juſqu'au bout du tuyeau; elles ſortiront donc avec la moitié plus de leur force & de leur viteſſe, ayant la moitié moins de particules avec qui elles ſoient obligées de ſe partager; elles produiront donc un ſon double, & ce ſera l'octave. Mais comme une partie de ces vibrations ſe communique toujours à l'autre moitié du corps de la Flute, il faudra forcer un peu le vent pour produire dans ces vibrations des accélérations, qui ſuppléeront, par l'augmentation de leur mouvement, à celles qui ſe perdent dans l'autre moitié de la Flute: alors on aura une octave pleine. Ce ton ſe fait auſſi en bouchant tous les trous de la Flute, comme dans celui de la première octave: mais il faut doubler la force du vent, pour produire les vibrations doubles dans tout le corps de la Flute; ce qui revient au même.

C'eſt ce qui ſe pratique dans les tons de la ſeconde octave, où la poſition des doits & l'ouverture des trous ſont les mêmes

mes que dans la premiere ; on eſt obligé de donner le vent avec une double force, pour produire des vibrations doublées dans un même tems : alors tous les tons ſe trouveront doubles ; c'eſt-à dire à l'octave, puiſque le ſon plus ou moins aigu conſiſte dans plus ou moins de vibrations en tems égal.

On ſera encore obligé de donner le vent avec une force triple pour former la triple octave ; mais les vibrations ſi ſubitement redoublées, ne pouvant trouver une iſſue ſuffiſante dans le premier trou pour interrompre leur continuité dans le reſte du corps de la Flute, à cauſe de leur extrême viteſſe, on ſera obligé de déboucher pluſieurs trous dans le bas de la Flute ; ainſi le tuyau devenant plus ouvert, les vibrations auront une iſſue plus grande, & on formera un ton plein & bien ouvert, ſans être obligé même de donner un vent tout-à-fait triple.

C'eſt par ces changemens d'ouvertures, différentes de celles qu'on eſt obligé de faire pour les tons naturels, qu'on donne une iſſue plûtôt ou plus tard, & plus ou moins grande pour former les ſemi-tons ; ce qu'il faut faire auſſi dans les derniers tons hauts, où il faut donner une iſſue plûtôt, & plus grande, pour que les vibrations ne perdent pas de leur viteſſe en ſe communiquant à trop de particules du corps de la Flute.

Il ne reſte plus qu'à voir comment le vent ſe trouve modifié ; quelles ſont les parties qui contribuent à l'envoyer avec plus ou moins de force dans une perſonne vivante.

La preſſion des muſcles pectoraux ſur les poûmons force l'air de ſortir des veſſicules qui le renferment. Arrivé juſqu'à la bouche par le tuyau nommé Trachée artere, il en ſort par l'ouverture que forment les deux lévres appliquées ſur le trou de la Flute. Sa plus ou moins grande force depend premiérement de la preſſion plus ou moins grande des muſcles de la poitrine, qui le font ſortir de ſon réſervoir ; ſecondement, de l'ouverture plus ou moins grande que forment les lévres à ſa ſortie : de ſorte que lorſqu'il eſt queſtion d'envoyer un vent foible, les muſcles agiſſent pour lors foiblement, & les lévres formant une large ouverture, il ſe trouve pouſſé avec lenteur ; par conſéquent ſon retour produiſant des vibrations également lentes, & ralenties encore par leur communication à toutes les particules du bois de la Flute, il formera des tons bas.

Mais lorſqu'il ſera queſtion de monter à l'octave, c'eſt-à-dire de former des tons doubles, les muſcles agiront alors avec un

peu

peu plus de force, & les lévres en fe raprochant diminueront
tant foit peu leur ouverture, le vent comprimé plus fortement,
& trouvant une iffue plus petite, redoublera de viteffe & produira des vibrations doubles: on aura des tons doubles, c'eft-
à-dire à l'octave. A mefure qu'on voudra monter dans les tons
hauts, les mufcles agiront avec plus de force, & les lévres fe
rétreffiront proportionnellement, pour que le vent pouffe plus
vivement & forcé de fortir dans un même tems par une iffue
plus petite, augmente confidérablement de viteffe, & produife
conféquemment des vibrations accélérées qui formeront des tons
aigus.

Mais la Flute traverfiere ayant (comme je l'ai déja dit (cette
différence d'avec les autres Inftrumens à vent, en ce que fon
embouchure eft indéterminée, les avantages qui en réfultent,
font de ménager le vent par le plus ou le moins d'ouverture des
lévres, & par leur pofition différente fur le trou de la Flute,
& de pouvoir tourner la Flute en dedans & en dehors. C'eft
par ces moiens qu'on peut enfler & diminuer les fons, faire le
doux & le fort, former des échos, donner enfin la grace, &
l'expreffion aux airs que l'on joue; avantages qui ne fe trouvent
point dans les Inftrumens où l'embouchure eft déterminée: ce
que je vais faire voir en expliquant la Mécanique de toutes ces
différentes opérations fur la Flute traverfiere.

Le fon confiftant dans les vibrations de l'air, produites par
fon entrée dans la Flute & par fon retour fur celui qui lui fuc-
-céde, fi par une pofition particuliere des lévres il entre dans la
largeur du trou de la Flute, c'eft-à-dire, par la plus lon-
gue corde qui en eft le vrai diametre (ce qui fe fait en la tournant en dehors) il frappe alors une plus grande quantité de particules du bois, & à fon retour trouvant une iffue également
grande, il fe communique à une plus grande quantité d'air extérieur, & c'eft ce qui produit les tons forts.

Mais lorfqu'en tournant la Flute en dedans, les lévres cou-
vrent plus de la moitié du trou, le vent entrant par un plus
petit trou, & ne pouvant retourner que par le même, pour fe
communiquer à l'air extérieur, il n'en peut frapper qu'une moindre quantité, & c'eft ce qui rend le fon foible; ces deux différences peuvent avoir plufieurs dégrés, qui dépendent des lévres
placées fur une plus grande ou plus petite corde du trou de la
Flute, en la tournant plus ou moins en dehors, ou en dedans.   Lorf.

Lorfqu'il eft donc queftion d'enfler un fon, on tourne d'abord
la Flute en dedans, afin que les lévres s'avançant fur le
bord du trou, ne puiffent laiffer entrer ni fortir qu'une petite
quantité de vent, qu'on envoye alors foiblement pour produire un fon foible; tournant enfuite infenfiblement la Flute en dehors, les lévres permettront une iffue & un retour plus grand
au vent, qu'on a foin de pouffer avec plus de force, pour pouvoir fe communiquer à une plus grande quantité d'air, & par-
là auzmenter le fon ou diminuer de nouveau, en retournant infenfiblement la Flute en dedans, comme dans la premiere opération.

Toutes ces variations d'embouchure peuvent être faites dans
un feul ton quelconque, foit dans le haut, foit dans le bas ;
parce que le vent, quoique pouffé par différens degrés de viteffe pendant ce même ton qu'on veut enfler ou diminuer, doit
toujours être reglé pour produire les vibrations qui détermi-
nent un tel ton: au commencement que le fon fera foible, parce qu'il frappera une plus petite quantité d'air extérieur, il ne
laiffera pas d'avoir des vibrations égales à celles qui feront produites dans le milieu du ton où le fon augmentera de force,
parce qu'il fe communiquera à une plus grande quantité d'air;
les vibrations plus ou moins fortes, ne dépendant pas de leur
viteffe, mais de la quantité de parties qu'elles occupent &
qu'elles mettent & mouvement.

Veut-on former un fon foible en écho ? on place les lévres
tout-à-fait fur le bord du trou, en tournant beaucoup la Flute
en dedans; le fon ne pouvant alors fe communiquer qu'à une
très-petite quantité d'air extérieur, par un fi petit trou, fem-
ble nous faire entendre un fon lointain; en frappant foiblement
notre organe.

Voilà des reffources, qu'on ne peut trouver dans les Inftrumens, où l'embouchure eft déterminée & invariable.

Il ne refte plus qu'à expliquer le coûp de langue, qui eft ab-
folument néceffaire pour le jeu de tous les Inftrument à vent.

Le coup de langue n'eft autre chofe qu'une courte interrup-
tion du vent, caufée par l'interpofition du bout de la langue au
paffage que lui forment les lévres.

Voilà, MESSIEURS, quelles ont été mes réflexions fur le
fon des Inftrumens à vent, & fur la maniere de le modifier.
C'eft fur ces caufes Phyfiques que j'ai effayé d'appuyer mes re-
cher-

cherches, en imitant une femblable Mécanique dans un Automate, à qui j'ai taché de faire produire un femblable effet en le
faifant joüer de la Flute. Les parties qui le compofent, leur
fituation, leur connexion & leurs effets, vont faire, comme
je me le fuis propofé, la feconde partie de ce Mémoire.

SECONDE PARTIE.

La Figure eft de cinq pieds & demi de hauteur environ, as-
fife fur un bout de Roche, placée fur un pied d'eftal quarré,
de quatre pieds & demi de haut fur trois pieds & demi de
large.

À la face antérieure du pied d'eftal (le panneau étant ouvert)
on voit à la droite un mouvement, qui à la faveur de plufieurs
roües, fait tourner en deffous un axe d'acier de deux pieds fix
pouces de long, coudé en fix endroits dans fa longueur, par
égale diftance, mais en fens différens: a chaque coude font attachés des cordons, qui aboutiffent à l'extrémité des panneaux
fupérieurs de fix foufflets de deux pieds & demi de long, fur
fix pouces de large, rangés dans le fond du pied d'eftal, où
leur panneau inférieur eft attaché à demeure ; de forte que l'a-
xe tournant, les fix foufflets fe hauffent & s'abaiffent fucceffive-
ment les uns après les autres.

À la face poftérieure, au-deffus de chaque foufflet, eft une
double poulie, dont les diamétres font inégaux, fçavoir, l'un
de trois pouces & l'autre d'un pouce & demi ; & cela, pour
donner plus de levée aux foufflets, parceque les cordons qui y
font attachés vont fe rouler fur le plus grand diamétre de la
poulie, & ceux qui font attachés à l'axe qui les tire, fe roulent
fur le petit.

Sur le grand diamétre de trois de ces poulies, du côté droit,
fe roulent auffi trois cordons, qui par le moyen de plufieurs
petites poulies, aboutiffent aux panneaux fupérieurs de trois
foufflets placés fur le haut du bâti, à la face antérieure & fupé-
rieure.

La tenfion qui fe fait à chaque cordon, lorfqu'il commence à
tirer le panneau du foufflet où il eft attaché, fais mouvoir un
lévier placé au-deffus, entre l'axe & les doubles poulies, dans
la région moyenne & inférieure du bâti. Ce lévier, par différens renvois, aboutit à la foûpape qui fe trouve au-deffous du

B
pan-

panneau inférieur de chaque soufflet, & la soutient levée, afin
que l'air y entre sans aucune résistance, tandis que le panneau
supérieur, en s'élevant, en augmente la capacité. Par ce moyen,
outre la force que l'on gagne, on évite le bruit que fait ordi-
nairement cette soûpape, causé par le tremblement que l'air lui
fait faire en entrant dans le soufflet; ainsi les neuf soufflets sont
mûs sans secousse, sans bruit, & avec peu de force.

Ces neufs soufflets communiquent leur vent dans trois tuyaux
différens & séparés. Chaque tuyau reçoit celui de trois soufflets; les trois qui sont dans le bas du bâti, à droite par la face
antérieure, communiquent leur vent à un tuyau qui regne en
devant sur le montant du bâti du même côté, & ces trois là
sont chargés chacun d'un poids de quatre livres; les trois qui
sont à lgauche dans le même rang, donnent leur vent dans un
semblable tuyau qui regne pareillement sur le montant du bâti
du même côté, & ne sont chargés chacun que d'un poids de
deux livres; les trois qui sont sur la partie supérieure du bâti,
donnent aussi leur vent à un tuyau qui regne horisontalement
sous eux & en devant; ceux-ci ne sont chargés que du poids
de leur simple panneau.

Ces trois tuyaux, par différens coudes, aboutissent, à trois
petits réservoirs placés dans la poitrine de la Figure. Là, par
leur réünion, ils en forment un seul, qui montant par le gosier, vient, par son élargissement, former dans la bouche une
cavité terminée, par deux especes de petites lévres qui posent
sur le trou de la Flute; ces lévres donnent plus ou moins d'issue au vent par leur plus ou moins d'ouverture, & ont un
mouvement particulier pour s'avancer & se reculer.

En dedans de cette cavité est une petite languette mobile,
qui par son jeu peut ouvrir & fermer au vent le passage que
lui laissent les lévres de la Figure.

Voilà par quel moyen le vent a été conduit jusqu'à la Flute.
Voici ceux qui ont servi à le modifier.

A la face antérieure du bâti à gauche, est une autre mouvement, qui à la faveur de son rouage, fait torner un cilindre de
deux pieds & demi de long sur soixante-quatre pouces de cir-
conférence; ce cilindre est divisé en quinze parties égales, d'un
pouce & demie de distance.

A la face postérieure & supérieure du bâti est un clavier trai-
nant sur ce cilindre, composé de quinze léviers très-mobiles,
dont

dont les extrémités du côté du dedans font armées d'un petit
bec d'acier, qui répond à chaque division du cilindre.

A l'autre extrémité de ces léviers font attachés des fils &
chaînes d'acier, qui répondent aux différens réfervoirs de vent,
font au nombre de trois, & leurs chaînes montent perpendiculairement derriere le dos de la Figure, jufques dans la poitrine où ils font placés, & aboutiffent à une foûpape particuliere
à chaque réfervoir ; cette foûpape étant ouverte, laiffe paffer
le vent dans le tuyeau de communication, qui monte, comme
je l'ai déja dit, par le gofier dans la bouche.

Les léviers, qui répondent aux doigts, font aux nombre de
fept, & leurs chaînes montent auffi perpendiculairement jufqu'aux épaules, & là, fe coudent pour s'inférer dans l'avant-
bras jufqu'au coude, où elles fe plient encore pour aller le long
du bras jufqu'au poignet, où elles font terminées chacune par
une charniere, qui fe joins à un tenon que forme le bout du
lévier contenu dans la main, imitant l'os que les Anatomistes
appellent les du Métacarpe, & qui, comme lui, forme une
charniere avec l'os de la première phalange, de façon que la
chaîne étant tirée, le doigt puiffe fe lever.

Quatre de ces chaînes s'inférent dans le bras droit, pour faire
mouvoir les quatre doigts de cette main, & trois dans le bras
gauche pour trois doigts, n'y ayant que trois trous qui répondent à cette main.

Chaque bout de doigt eft garni de peau, pour imiter la mol-
leffe du doigt naturel, afin de pouvoir boucher le trou exactement.

Les léviers du clavier, qui répondent au mouvement de la
bouche, font au nombre de quatre: les fils d'acier qui y font
attachés forment des renvois, pour parvenir dans le milieu du
rocher en dedans ; & là, ils tiennent à des chaînes, qui montent perpendiculairement & parallelement à l'épine du dos dans
le corps de la Figure ; & qui paffant par le col, viennent dans
la bouche s'attacher aux parties, qui font faire quatre différens
mouvemens aux lévres intérieures ; l'un fait ouvrir ces lévres
pour donner une plus grande iffuë au vent ; l'autre la diminue
en les rapprochant ; le troifiéme les fait retirer en arriere ; &
le quatriéme les fait avancer fur le bord du trou.

Il ne refte plus fur le clavier qu'un lévier, où eft pareillement
attachée une chaîne, qui monte ainfi que les autres, & vient

B 2   abou-

aboutir à la languette, qui se trouve dans la cavité de la bouche derriere des lévres, pour emboucher le trou, comme je l'ai dit ci-dessus.

Ces quinze léviers répondent aux quinze divisions du cilindre par les bouts où sont attachés les becs d'acier, & à un pouce & demi de distance les uns des autres ; le cilindre venant à tourner, les lames de cuivre placées sur ses lignes divisées, rencontrent les becs d'acier, & les soûtiennent levés plus ou moins longues; & comme l'extrémité de tous ces becs forme entr'eux une ligne droite, parallele à l'axe du cilindre, coupant à angle droit toutes les lignes de division, toutes les fois qu'on placera à chaque ligne une lame, & que toutes leurs extrémités formeront entr'elles une ligne également droite, & parallele à celle que forme les becs des léviers, chaque extrémité de lame (le cilindre retournant) touchera & soulevera dans le même instant chaque bout de lévier; & l'autre extrémité des lames formant également une ligne droite, & parallele à la premiere par leur égalité de longeur, chacune laissera échapper son lévier dans le même tems. On conçoit aisément par-là, comment tous les léviers peuvent agir, & concourir tous à la fois à une même opération, s'il est nécessairé.

Quand il n'est besoin de faire agir que quelques léviers, on ne place les lames qu'aux divisions où répondent ceux qu'on veut faire mouvoir: on en détermine même le tems, en les plaçant plus ou moins éloignées de la ligne que forme les becs: on fait cesser aussi leur action plûtôt ou plûtard en les mettant plus ou moins longues

L'extrémité de l'axe du cilindre du côté droit est terminée par une vis sans fin à simples filets, distans entr'eux d'une ligne & demie, & au nombre de douze; ce qui comprend en tout l'espace d'un pouce & demi de longueur, égal à celui des divisions du cilindre.

Au-dessus de cette vis est une piece de cuivre immobile, solidement attachée au bâti, à laquelle tient un pivot d'acier d'une ligne environ de diamétre, qui tombe dans une canelure de la vis, & lui sert d'écrouë; de façon que le cilindre est obligé en tournant de suivre la même direction que les filets de la vis, contenu par le pivot d'acier qui est fixe: ainsi chaque point du cilindre décrira continuellement en tournant une ligne spirale, & fera par conséquent un mouvement progressif, qui est de droite à gauche.

C'est

C'est par ce moyen que chaque division du cilindre, déterminée d'abord sous chaque bout de lévier, changera de point à
chaque tour qu'il fera, puisqu'il s'en éloignera d'une ligne &
demi, qui est la distance qu'ont les filets de la vis entr'eux.

Les bouts des léviers attachés au clavier restant donc immo-
biles, & les points du cilindre ausquels ils répondent d'abord,
s'éloignant à chaque instant de la perpendioulaire & formant
une ligne spirale, qui par le mouvement progressif du cilindre
est toujours dirigée au même point, c'est-à-dire, à chaque bout
de lévier ; il s'enfuit que chaque bout de lévier trouve à chaque instant des points nouveaux fur les lames du cilindre, qui
ne se repétent jamais, puisqu'elles forment entr'elles des lignes
spirales, qui font douze tours fur le cilindre, avant que le premier point de division vienne fous un autre lévier, que celui
fous lequel il a été déterminé en premier lieu.

C'est dans cet espace d'un pouce & demi qu'on place toutes
les lames, qui forment elles-mêmes les lignes spirales ; pour
faire agir le lévier, fous qui elles doivent toutes passer pendant
les douze tours que fait le cilindre.

A mesure qu'une ligne change pour fon lévier, toutes les
autres changent pour le leur ; ainsi chaque lévier a douze lignes de lames de 64. pouces de diamétre, qui passent fous lui,
& qui font entr'elles une ligne de 768. pouces de long. C'est
fur cette ligne que font placées toutes les lames suffisantes pour
l'action du lévier durant tout le jeu.

Il ne reste plus qu'à faire voir comment tous différens mouvemens ont servi à produire l'effet que je me fuis proposé dans
cet Automate, en les comparant avec ceux d'une personne
vivante.

Est il question de lui faire tirer du fon de fa Flute, & de former le premier ton, qui est le ré d'en bas ? Je commence d'abord
à disposer l'embouchure ; pour cet effet, je place fur le cilindre
une lame deffous le lévier, qui répond aux parties de la bouche, servant à augmenter l'ouverture que font les lévres. Secondement, je place une lame fous le lévier, qui fert à faire
reculer ces mêmes lévres. Troisiémement, je place une lame
fous le lévier, qui ouvre la foûpape du réservoir du vent qui
vient des petits foufflets, qui ne font point chargés. Je place
en dernier lieu une lame fous le lévier, qui fait mouvoir la languette pour donner le coup de langue ; de façon que ces lames

venant à toucher dans le même tems les quatre léviers, qui ser-
vent à produire les susdites opérations, la Flute sonnera le ré
d'en bas.

Par l'action du lévier qui sert à augmenter l'ouverture des lévres, imite l'action de l'homme vivant, qui est obligé de l'augmenter dans les tons bas.

Par le lévier qui sert à faire reculer des lévres, j'imite l'action de l'homme, qui les éloigne du trou de la Flute en la tournant en dehors.

Par le lévier qui donne le vent provenant des soufflets, qui
ne sont chargés que de leur simple panneau, j'imite le vent foible que donne alors l'homme, vent qui n'est pareillement pous-
sé hors de son réservoir, que par une légere compression des
muscles de la poitrine.

Par le lévier qui sert à faire mouvoir la languette, en débouchant le trou que forment les lévres pour laisser passer le vent,
j'imite le mouvement que fait aussi la langue de l'homme, en se
retirant du trou pour donner passage au vent, & par ce moyen
lui faire articuler une telle note.

Il résultera donc de ces quatre opérations différentes, qu'en
donnant un vent foible, & le faisant passer par une issue large
dans toute la grandeur du trou de la Flute, son retour produira des vibrations lentes, qui seront obligées de se continuer
dans toutes les particules du corps de la Flute, puisque tous les
trous se trouveront bouchés, & suivant le principe établi dans
mes réflexions ci-dessus, la Flute donnera un ton bas ; c'est ce
qui se trouve confirmé par l'expérience.

Veux-je lui faire donner le ton au-dessus, sçavoir le mi, aux
quatre premieres opérations pour le ré, j'en ajoûte une cinquié-
me ; je place une lame sous le lévier, qui fait lever le troisième
doigt de la main droite pour déboucher le sixième trou de la
Flute, & je fais approcher tant soit peu les lévres du trou de
la Flute, en baissant tant soit peu la lame du cilindre, qui te-
noit le lévier élevé pour la premiere note, sçavoir le ré. Ainsi
donnant plûtôt aux vibrations une issue, en débouchant le premier trou du bout, suivant ce que j'ai dit ci-dessous, la Flute
doit sonner un ton au-dessus ; ce qui est aussi confirmé par l'expérience

Toutes ces opérations se continuent à peu-près les mêmes
dans les tons de la premiere octave, où le même vent suffit

pour

pour les former tous; c'eſt la différente ouverture des trous,
par la levée des doigts, qui les caractériſe: on eſt ſeulement obligé de placer ſur le cilindre des lames ſous les lévriers, qui doivent lever les doigts pour former un tel ton.

Pour avoir les tons de la ſeconde octave, il faut changer l'embouchure de ſituation, c'eſt-à-dire, placer une lame deſſous le
lévier, qui contribue à faire avancer les lévres au-delà du diamétre du trou de la Flute, & imiter par-là l'action de l'homme
vivant, qui en pareil cas tourne la Flute un peu en dedans.

Secondement il faut placer une lame ſous le lévier, qui en
faiſant rapprocher les deux lévres, diminue leur ouverture; opération que fait pareillement l'homme, quand il ſerre les lévres
pour donner une moindre iſſuë au vent.

Troiſiémement, il faut placer une lame ſous le lévier, qui fait
ouvrir la ſoûpape du reſervoir, qui contient le vent provenant
des ſouffets chargés du poids de deux livres; vent, qui ſe trouve pouſſé avec plus de force, & ſemblable à celui que l'homme
vivant pouſſe par une plus forte compreſſion des muſcles pectoraux. De plus on place des lames ſous les léviers néceſſaires
pour faire lever les doigts qu'il faut.

Il s'enſuivra de toutes ces différentes opérations, qu'un vent
envoyé avec plus de force, & paſſant par une iſſue plus petite,
redoublera de viteſſe, & produira par conſéquent les vibrations
doubles, & ce ſera l'octave.

A meſure qu'on monte dans les tons ſupérieurs de cette ſeconde octave, il faut de plus en plus ſerrer les lévres, pour que
le vent, dans un même tems, augmente de viteſſe.

Dans les tons de la troiſiéme octave, les mêmes léviers qui
vont à la bouche, agiſſent comme dans ceux de la ſeconde,
avec cette différence, que les lames ſont un peu plus éle-
vées: ce qui fait que les lévres vont tout-à-fait ſur le bord du
trou de la Flute, & que le trou qu'elles forment devient ex-
trémement petit. On ajoûte ſeulement une lame ſous le lévier
qui fait ouvrir la ſoûpape, pour donner le vent qui vient des
ſoufflets les plus chargés, ſçavoir, du poids de quatre livres.
Par conſéquent, le vent pouſſé avec une plus forte compreſſion, & trouvant une iſſue encore plus petite, augmentera de
viteſſe en raiſon triple: on aura-donc le triple octave.

Il ſe trouve des tons, dans toutes ces différentes octaves,
plus

plus difficiles à rendre les uns que les autres; on eſt pour lors
obligé de les ajuſter en plaçant des lévres ſur une plus grande
ou plus petite corde du trou de la Flute, en donnant un vent
plus ou moins fort, ce que fait l'homme dans les mêmes tons,
où il eſt obligé de ménager ſon vent, & de tourner la Flute
plus ou moins en dedans ou en dehors.

On conçoit facilement que toutes les lames placées ſur le cilindre ſont plus ou moins longues, ſuivant le tems que doit
avoir chaque note, & ſuivant la différente ſituation où doivent ſe trouver les doigts pour les former: ce que je ne détail-
lerai point ici, de crainte de paſſer les bornes d'un Mémoire
concis, que je me ſuis propoſé de donner.

Je ferai remarquer ſeulement que dans les enflemens de ſon,
il a fallu, pendant le tems de la même note, ſubſtituer imper-
ceptiblement un vent foible à un vent fort, & à un plus fort,
un plus foible, & varier conjointement les mouvemens des lévres, c'eſt à-dire, les mettre dans leur ſituation propre pour
chaque vent.

Lorſqu'il a fallu faire le deux, c'eſt-à-dire, imiter un écho,
on a été obligé de faire avancer les lévres ſur le bord du trou
de la Flute, & envoyer un vent ſuffiſant pour former un tel
ton; mais dont le retour, par une iſſue auſſi petite, qu'eſt celle de ſon entrée dans la Flute, ne peut frapper qu'une petite
quantité d'air extérieur: ce qui produit, comme je l'ai dit ci-
deſſus, ce qu'on appelle écho.

Les différens airs de lenteur & de mouvement ont été meſu-
rés ſur le cilindre, par le moyen d'un lévier, dont une extrémité armée d'une pointe pouvoit, lorſqu'on frappoit deſſus,
marquer ce même cilindre.

A l'autre bras du levier étoit un reſſort, qui faiſoit promptе-
ment relever la pointe.

On lâchoit le mouvement, qui faiſoit tourner le cilindre avec
une viteſſe déterminée pour tous les airs.

Dans le même tems une perſonne joüoit ſur la Flute l'air
qu'on vouloit meſurer; un autre battoit la meſure ſur le bout
du lévier qui pointoit le cilindre, & la diſtance qui ſe trouvoit
entre les points, étoit la vraie meſure des airs qu'on vouloit
noter; on ſubdiviſoit enſuite les intervales en autant de parties
que la meſure avoit de tems.

La

La crainte de vous ennuyer, MESSIEURS, me fait paſſer ſur mille petits détails moins difficiles à ſuppoſer, que longs à faire; on en ſent la néceſſité à la ſeule inſpection de la machine, comme je l'ai ſentie dans l'exécution.

Après avoir puiſé dans vos Mémoires, les principes qui m'ont guidé, je ſerois ſatisfait, MESSIEURS, ſi j'oſois me flater de vous en voir reconnoître une aſſez heureuſe application dans l'exécution de cet Ouvrage. Je trouverai dans l'approbation que vous daignerez lui donner, le plus glorieux prix de mon travail, & j'acquérerai de nouvelles forces dans un eſpoir encore bien plus flateur, qui fait mon unique ambition.

C   E X-

EXTRAIT

Des Régiſtres de l'Académie Royale des Sciences.

DU 30. AVRIL 1738.

L'Académie ayant entendu la lecture d'un Mémoire de M. de Vaucanſon, contenant la deſcription d'une Statue de bois, copiée ſur le Faune en marbre de Coyſevaux, qui joue de la Flute traverſiere, ſur laquelle elle exécute douze airs différens, avec une préciſion qui a mérité l'admiration du public, & dont une grande partie de l'Académie a été témoin; elle a jugé que cette machine étoit extrêmement ingénieuſe, que l'Auteur avoit ſçû employer des moyens ſimples & nouveaux, tant pour donner aux doigts de cette Figure, les mouvemens néceſſaires, que pour modifier le vent qui entre dans la Flute en augmentant ou diminuant ſa viteſſe, ſuivant les différens tons, en variant la diſpoſition des lévres, & faiſant mouvoir une ſoûpape qui fait les fonctions de la langue; enfin, en imitant par art tout ce que l'homme eſt obligé de faire; & qu'outre cela, le Mémoire de M. de Vaucanſon avoit toute la clarté & la préciſion dont cette matiére eſt ſuſceptible : ce qui prouve l'intelligence de l'Auteur, & ſes grandes connoiſſances dans les différentes parties de Mécanique. En foi de quoi j'ai ſigné le préſent Certificat. A Paris, ce 3 Mai 1738.

FONTENELLE,

Sécret. perp. de l'Acad. Royale des Sciences.

LETTRE

De M. Vaucanson, *à* M. *l'Abbé* D. F.

LEs nouveaux Automates, Monsieur, que je compte expo-
ser le Lundi de Pâques prochain , & auxquels sera joint
mon Flûteur, sont 1°. un Canard, dans lequel je représente le
mécanisme des viscéres destinés aux fonctions du boire , du
manger , & de la digestion ; le jeu de toutes les parties né-
cessaires à ces actions y est exactement imité : il allonge son
cou pour aller prendre du grain dans la main , il l'avale, le
digere , & le rend par les voyes ordinaires tout digeré; tous
les gestes d'un Canard qui avale avec précipitation , & qui
redouble de vitesse dans le mouvement de son gosier , pour
faire passer son manger jusque dans l'estomac , y sont copiés
d'après nature : l'aliment y est digeré comme dans les vrais
animaux , par dissolution , & non par trituration , comme
le prétendent plusieurs Physiciens ; mais c'est ce que je me
réserve à traiter & à faire voir dans l'occasion. La matiere
digerée dans l'estomac est conduite par des tuyaux , comme
dans l'animal par ses boyaux , jusqu'à l'anus , où il y a un
sphincter qui en permet la sortie.

, Je ne prétens pas donner cette digestion pour une digestion
parfaite , capable de faire du sang & des parties nourricieres
pour l'entretien de l'animal ; on auroit mauvaise grace , je
crois , à me faire ce reproche. Je ne prétend qu'imiter la
mécanique de cette action en trois choses, qui sont 1°. d'ava-
ler le grain ; 2°. de le macérer , cuire ou dissoudre; 3°. de
le faire sortir dans un changement sensible.

Il a cépendant fallu des moyens pour les trois actions , &
les moyens mériteront peut être quelque attention de la part
de ceux qui demanderoiént davantage. Ils verront les expé-
diens qu'on a employés pour faire prendre le grain au Canard

C 2   arti-

artificiel , le lui faire afpirer jufque dans fon eftomac , & là,
dans un petit efpace , conftruire un laboratoire chymique ,
pour en décompofer les principales parties intégrantes , & le
faire fortir à volonté , par des circonvolutions de tuyaux , à
une extrêmité de fon corps toute oppofée.

Je ne crois pas que les Anatomiftes ayent rien à défirer fur
la conftruction de fes ailes. On a imité , os par os , toutes
les éminences qu'ils appellent apophyfes. Elles y font régulié-
rement obfervées comme les differentes charnieres : les cavi-
tés , les courbes , les trois os qui compofent l'aile , y font
très-diftincts. Le premier qui eft l'homerus , a fon mouvement de rotation en tout fens , avec l'os qui fait l'office d'o-
moplate ; le fecond os qui eft le cubitus de l'aile , a fon
mouvement avec l'homerus , par une charniere , que les
Anatomiftes appellent par-giglime ; le troifiéme , qui eft
le radius , tourne dans une cavité de l'homerus , & eft attaché par fes autres bouts aux petits os du bout de l'aile , de
même que dans l'animal. L'infpection de la machine fera mieux
connoître l'imitation de la nature qu'un plus long détail , qui
reffembleroit trop à une explication anatomique.

Pour faire connoître que les mouvemens de ces ailes ne ref-
femblent point à ceux qu'on voit dans les grands chefs-d'œu-
vres du Coq de l'Horloge de Lyon & de Strasbourg , toute la
mécanique du Canard artificiel fera vûë à découvert , mon
deffein étant plûtôt de démontrer , que de montrer fimple-
ment une machine. Peut-être que quelques Dames , ou des
gens qui n'aiment que l'extérieur des animaux , auroient mieux
aimé le voir tout couvert ; mais outre que cela m'a été de-
mandé , je fuis bien aife qu'on ne prenne pas le change , &
qu'on voye tout l'ouvrage intérieur.

Je crois que les perfonnes attentives , fentiront la difficulté
qu'il y a eu de faire faire à mon Automate tant de mouvemens
differens ; comme lorfqu'il s'éléve fur fes pates , & qu'il por-
te fon cou à droite & à gauche. Ils connoîtront tous les changemens des differens points d'appui ; ils verront même que
ce qui fervoit de point d'appui à une partie mobile , devient
à fon tour mobile fur cette partie , qui devient fixe à fon
tour ; enfin ils découvriront une infinité de combinaifons mé-
caniques.

Tou-

Toute cette machine joüe fans qu'on y touche , quand on l'a montée une fois.

· J'oubliois de vous dire , que l'animal boit , barbotte dans l'eau , croaffe comme le Canard naturel. Enfin j'ai tâché de lui faire faire tous les geftes d'après ceux de l'animal vivant , que j'ai confideré avec attention.

Le fecond Automate , eft le Joüeur de tambourin , planté tout droit fur fon pied d'eftal , habillé en Berger danfeur , qui joüe une vingtaine d'airs , menuets , rigaudons ou contre-danfes.

· On croiroit d'abord que les difficultés ont été moindres qu'au Flûteur Automate ; mais fans vouloir élever l'un pour rabaiffer l'autre , je prie de faire réflexion qu'il s'agit de l'inftrument le plus ingrat , & le plus faux par lui-même ; qu'il a fallu faire articuler une flute à trois tous , où tous les trous dépendent du plus ou moins de force du vent , & de trous bouchés à moitié ; qu'il a fallu donner tous les vents différens , avec une viteffe que l'oreille a de la peine à fuivre , donner des coups de langue à chaque note , jufque dans les doubles croches , parce que cet inftrument n'eft point agréable autrement. L'Automate furpaffe en cela tous nos joüeurs de tambourin , qui ne peuvent remuer la langue avec affez de légereté , pour faire une méfure entiere de doubles croches , toutes articu-lées. Ils en coulent la moitié , & mon Tambourin joüe un air entier avec des coups de langue à chaque notte.

Quelle combinaifon de vents n'a t'il pas fallu trouver pour cet effet ? J'ai fait auffi des découvertes , dont on ne fe feroit ja-mais douté ; auroit-on cru que cette petite flutte eft un des inftrumens à vent qui fatiguent le plus la poitrine des joüeurs ?

Les mufcles de leur poitrine font un effort équivalent à un poids de 56 livres péfant puifqu'il me faut cette même force de vent , c'eft-à-dire , un vent pouffé par cette force ou cette péfanteur , pour former le fi d'en haut , qui eft la derniere note où cet inftrument puiffe s'étendre. Une once feule fait parler la premiere notte , qui eft le mi : jugés quelle divifion de vent il a fallu faire , pour parcourir toute l'étendüe du flageolet Provençal.

Ayant

Ayant fi peu de positions de doigts differentes, on croiroit peut être qu'il n'a fallu de differents vents qu'autant qu'il y a de differentes notes: point du tout. Le vent qui fait parler, par exemple, le *ré* à la fuite de l'*ut*, le manque abſolument, quand le même *re* eſt à la fuite du *mi* au-deſſus, & ainſi des autres notes. Qu'on calcule, on verra qu'il m'a fallu le double de differents vents, ſans compter les diéſes, pour leſquels il faut toûjours un vent particulier; je vous avoüerai de bonne-foi, que je ſuis moi-même étonné de le voir joüer avec une combinaiſon ſi variée, & j'ai été plus d'une fois prêt à déſeſpérer de la réuſſité; mais le courage & la patience ont eu la victoire.

Ce n'eſt pas le tout ce flageolet n'occupe qu'une main; l'Automate tient de l'autre une baguette, avec laquelle il bat du tambour de Marſeille. Coups ſimples & doubles, roulemens variés à tous les airs, & accompagnant en meſure les mêmes airs qu'il joüe avec ſon flageolet de l'autre main. Ce mouvement n'eſt pas un des plus aiſés de la machine. Il eſt queſtion de frapper tantôt plus fort, tantôt plus vîte, & de donner toûjours un coup ſec, pour tirer du ſon du tambour. Cette mécanique conſiſte dans une combinaiſon infinie de leviers & de reſſorts différens, tous mus avec aſſez de juſteſſe pour ſuivre l'air; ce qui ſeroit trop long à détailler. Enfin cette machine a quelque reſſemblance avec celle du Flûteur; mais elle a des moyens biens différens.

Approbation du Cenſur Royal.

J'AY lû par ordre de Monſeigneur le Chancelier , un Manuſ-crit intitulé : *Mécaniſme du Fluteur Automate* , *preſenté à Meſſieurs de l'Académie Royale des Sciences* , *par M. Vaucanſon, Auteur de cette Machine.* M Vaucanſon , expoſe dans ſon Mé-moire les principes Phiſiques qu'il a employés pour l'invention & l'exécution de ſon Automate , qui eſt une des plus mer-veilleuſes productions de l'art ; il imite ſi parfaitement le vrai Joueur de Flute , que le Public continue de le voir & de l'en-tendre avec admiration ; ainſi , nous croyons que l'impreſ-ſion du Mémoire de M. Vaucanſon ſera trés - utile pour ſatis-faire pleinement la curioſité du Public. Fait à Paris ce 11 Juin 1738.

H. PITOT.

www.ingramcontent.com/pod-product-compliance
Lightning Source LLC
LaVergne TN
LVHW011941060326
832903LV00045B/42

9 781016 589529